L'ÎLE DE SAKHALINE ET LA PAIX RUSSO-JAPONAISE

Separata da «Revista Portugueza Colonial e Maritima» de Lisboa

L'ÎLE DE SAKHALINE

PAR

LE CHEVALIER JOSEPH JOÛBERT

Vice-Président de la Société des Études Coloniales et Maritimes
Membre Correspondant
de la Sociedade de Geographia de Lisboa
et de l'Ateneo Veneto
Membre de la Società Geografica Italiana,
de la Société de Géographie de Paris
et du Collegio Araldico di Roma

IMPRIMERIE
DE LA
LIBRAIRIE E. FERIN
LISBONNE, 1905

L'île de Sakhaline et la paix russo-japonaise

On sait le rôle si important, capital même, joué dans les négociations préliminaires de la paix russo-japonaise à Portsmouth par l'île de Sakhaline ; on peut dire sans exagération que la rupture entre les plénipotentiaires de St. Pétersbourg et de Tokio a failli éclater précisément sur cette question et celle de l'indemnité de guerre, objets de graves divergences entre les deux gouvernements, surtout après la fière déclaration du Tsar : «pas un pouce du territoire russe, pas un kopek !» Aussi tout ce qui concerne cette région insulaire d'Extrême-Orient aux points de vue géographique, démographique, commercial, stratégique, etc., offre-t-il à l'heure présente un réel intérêt.

Remarquons d'abord que la rapide occupation de Sakhaline par les Nippons a constitué un événement considérable à la fin de la guerre et à la veille de l'ouverture de la conférence réunie à l'instigation du Président Roosevelt pour terminer les hostilités. En effet cette vaste île est le premier *territoire russe*, ou du moins soumis à la domination moscovite, dont se soient emparées les troupes mikadonales, bien que ces terres insulaires ne puissent pas être considérées comme territoires de la Russie au même titre qu' Irkoutsk ou Vladivostok, par exemple, sur le continent sibérien ; ensuite une fois de plus la diplomatie de Yédo a fait preuve d'une singulière habileté en mettant la main au moment propice, *psychologique* (on peut bien le dire), sur une région insulaire depuis longtemps convoitée ardemment par les Jaunes Extrêmes-Orientaux.

Il est bon de noter qu'en vingt jours les forces nippones ont effectué, en quelque sorte au pas de course, la conquête de l'immense île de Sakhaline, dont la garnison était, il est vrai, réduite au faible effectif d'un régiment à quatre compagnies d'infanterie, comprenant en tout avec les réservistes 1.500 hommes environ, tandis que le corps expéditionnaire des Japonais était représenté par une division (14.000 hommes) avec cavalerie et artillerie.

Le 7 juillet l'escadre ennemie s'approchait de Meere, village situé à l'extrémité méridionale de l'île, entre Chipsan et Korsakovsk, et ouvrait le feu sur la côte ; puis des compagnies de débarquement descendaient à terre et le lendemain le petit port de Korsakovsk, au fond de la baie d'Aniva, position faiblement défendue par les quelques canons débarqués du croiseur russe *Novik*, après la bataille navale du 10 juin, était sans effort occupé par les troupes japonaises ; les jours suivants les postes de Solovievka, de Vladimirvka, de Maouka (15 juillet) tombaient successivement au pouvoir de l'envahisseur ; à la suite du bombardement de Naïboutchi, dans la baie de la Patience (côte orientale) toute la partie sud de Sakhaline tombait sous la puissance mikadonale. Le 24 juillet l'ennemi, poursuivant sa marche en avant, se rendait maître des positions au nord de l'île ; le lendemain Alexandrovsk, chef-lieu des territoires insulaires, était enlevé par les Japonais, et le poste de Douï, important par ses charbonnages, subissait le même sort.

Puis les Nippons, occupant sur le littoral sibérien opposé une partie des territoires voisins de la baie de Castries, coupaient les communications de Sakhaline par mer avec le continent ; les Russes battaient en retraite à l'intérieur, vigoureusement poursuivis à Novomikhaïlovs-Koïé, ensuite à Kykof (27 et 28 juillet) ; enfin, défaites dans un dernier engagement sur les bords de la Tyma, les forces russes, trop inférieures en nombre, se voyaient réduites à capituler ; le général Liapounof, gouverneur de l'île, se constituait prisonnier, et le facile vainqueur, le général japonais Karagoutchi, proclamait (30 juillet) la prise de possession de Sakhaline par l'Empire du Soleil-Levant.

On peut se demander pourquoi le gouvernement de Yédo a tant tardé à dessiner son mouvement offensif sur Sakhaline, englobée dès le début des hostilités dans le rayon d'action des escadres japonaises. Une première fois, à la suite de la bataille navale du 10 juin, lorsque les Nippons se rendaient maîtres du vaisseau de guerre russe le *Novik* dans les eaux mêmes de Korsakovsk, les Japonais avaient une occasion toute naturelle d'occuper ce port saghalien. Après la bataille de Moukden, après le nouveau Trafalgar de Tsou-Schima sans doute on s'attendit à Saint-Pétersbourg à apprendre d'un moment à l'autre que le drapeau blanc au disque rouge flottait au-dessus de la ville ou du village de Korsakovsk, d'autant plus que les Nippons savaient fort bien en quoi consistaient alors les forces défensives de l'ennemi à Sakhaline : un seul régiment, comme nous l'avons dit, et quelques *drougines* de forçats, plus ou moins bien commandées.

Cependant six semaines s'écoulèrent après l'éclatante victoire navale de l'amiral Togo et le désastre de Rozhdestvensky avant que l'escadre japonaise ouvrît le feu, le 7 juillet, sur la côte de l'extrémité méridionale de Sakhaline. Mais sans doute, allant au plus pressé, les Japonais voulurent d'abord concentrer tous leurs efforts sur le développement normal de leur plan stratégique, dont les objectifs étaient d'une part Port-Arthur, de l'autre Liao-Yang et Moukden : leur principale préoccupation fut ensuite de détruire ou de prendre dans un coup de filet la flotte de Rozhdestvensky fatalement vouée à la défaite. Ils se réservaient, une fois atteint leur double objectif et sur terre et sur mer, d'opérer sans encombre contre Sakhaline, incapable d'échapper à leur étreinte victorieuse. Peut-être aussi les diplomates de Yédo, obéissant à une combinaison machiavélique, préparée de longue main, ont-ils préféré saisir *au dernier moment* un gage territorial, dont ils sauraient jouer habilement sur le tapis vert à Portsmouth lors des négociations de paix avec les plénipotentiaires de Saint-Pétersbourg. Le coup tenté avec certitude de succès sur la grande île en pleine accalmie des opérations militaires ne manquait pas d'audace ; car s'emparer d'une terre d'Empire slave, c'était infliger une nouvelle et cuisante blessure d'amour-propre à l'ennemi, ulcéré par le récent désastre naval de Tsou-Shima !

Mais exactement renseigné le vainqueur savait qu'ailleurs

résident actuellement les préoccupations majeures des Russes, que passionnent les brûlantes questions de politique intérieure, de réunions de *zemtsvos*, de réformes administratives et constitutionelles, de convocation d'un *Zemski-Sobor* ou d'une *Gosourdarstvennaïd-Douma*. A Péterhof on pouvait ressentir cruellement la perte redoutée de Sakhaline, territoire impérial avec fenêtre sur le Pacifique et la *Mer libre;* mais qu'importerait aux masses populaires, aux *moujiks*, aux intellectuels, aux clients du *Tchin* omnipotent, aux architectes plus ou moins utopistes de constitutions idéales cette *lointaine* île inculte, au renom sinistre, maudite par tant de condamnés politiques, perdue dans les neiges et les glaces de la Sibérie Extrême-Orientale !

Et pourtant, comme superficie, l'importance de Sakhaline est considérable; Elisée Reclus se plaît à faire remarquer que c'est une des plus vastes îles de la terre; sa surface, trois fois celle de la Sicile, 75, 978 (1) kil. carrés représente le sixième de la France; sa longueur est de 900 kil. environ et sa largeur varie de 25 à 150 kil.; située au nord du Japon entre 45° 54 et 54° 24 de latitude, Sakhaline est séparée du continent sibérien à l'ouest par la Manche de Tartarie, et de l'île Yéso, au sud, par le détroit de La Pérouse; elle compte un développement de côtes de 2000 kil. Une chaîne de montagnes inégales, aux cimes dénudées, aux pieds plus ou moins boisés, forme l'ossature de cette contrée insulaire d'une forme bizarrement allongée. Dans le bas des parties montagneuses poussent l'orme, le bouleau, le cembro, surtout le sapin et le mélèze. On rencontre de ci de là de riantes vallées pittoresques, souvent de mornes marécages et des lacs de sombre aspect. M. Paul Labbé, qui a parcouru Sakhaline (2), dit que le voyage est triste et pénible dans ces parties désolées. «Puis viennent, «écrit cet auteur, des régions luxuriantes, où les herbes sont «plus hautes qu'un homme, émaillées de fleurs à longues tiges; «marguerites bleues et pervenches roses; elles forment des «dômes de verdure, sous lesquels de petits ruisseaux coulent «en chantant sur les cailloux. La forêt est alors pleine d'arbres

(1) C'est le chiffre donné par Strelbitsky et adopté dans les documents officiels.
(2) *Un bagne russe — Sakhaline* par Paul Labbé — Paris 1903.

«brisés, de troncs pourris, de racines arrachées, de lianes «infranchissables.»

Parmi les représentants de la faune de l'île on peut citer les renards, les cerfs musqués, les ours qui vivent dans les bois; le long des cours d'eau fréquentent les zibelines, les lontres et les hermines; aussi à Sakhaline les fourrures, pourraient-elles devenir un élément important et remunérateur du commerce d'exportation.

Au point de vue agricole ces terres sont fort mal partagées à cause de la dureté du climat; elles ne produisent presque pas de céréales ([1]); mais par contre le sous-sol renferme de vastes richesses minières: argent, plombagine, ambre, marbre, puits de naphte et de pétrole, même, dit-on, des sables aurifères; le charbon de terre, découvert en 1853 par le capitaine Rimski-Korsakof, s'y trouve aussi et en quantité assez abondante; les principales houillères se voient à Douï (côte orientale), à Vladimirovski et à Magatsihinski; ces charbonnages sont régulièrement exploités par des Sociétés russes. Déjà en 1890 le rendement annuel de la houillère de Douï s'élevait à 2.200:000 tonnes, et l'ensemble des divers charbonnages donne un produit annuel de 16 millions de kilogrammes de ce combustible, dont la valeur est fort discutable, les uns déclarant que la houille ne le cède en rien au charbon anglais, les autres la dépréciant au point de la considérer comme très inférieure. Avec le temps et une exploitation plus judicieuse que celle actuellement en vigueur (la main d'oeuvre étant surtout fournie par les forçats) il semble que cette branche importante d'industrie minière soit capable de prendre un grand essor; cependant, comme le fait observer judicieusement M. Paul Labbé ([2]), «le manque «de ports, la difficulté de pénétration dans l'île, la rigueur du «climat font que les richesses de Sakhaline seront, longtemps «encore, toujours peut-être inexploitables.»

Très dure en effet est la température moyenne de cette ([3]) île, où la saison hivernale se prolonge pendant six mois envi-

---

(1) «L'été (en y comprenant tous les jours dont la température dépasse 15°) malgré sa «moyenne très élevée, 28° dans la partie centrale, 33° dans la partie méridionale de l'île, ne peut «pas produire la quantité de chaleur nécessaire pour la maturation complète des céréales.»

Nouveau dictionnaire de Géographie universelle, commencé par Vivien de Saint-Martin, continué par Louis Rousselet — *Supplément* 17 — Art.° *Sakhalin*.

(2) *Un bagne russe-les Mines*. p. 96.

(3) On compte dans les années moyennes de 128 à 170 jours de neig

ron: ainsi en janvier elle descend à—21°, et en mai ne monte encore qu'à +5; en juin même on ne voit pas un seul jour le soleil certaines années, comme l'a constaté en 1881 le voyageur Poliakof.

Dans la partie septentrionale le climat de Sakhaline ressemble à celui de la Laponie et du Groënland méridional ; mais il se montre beaucoup plus doux dans la région du sud, par exemple dans la baie d'Aniva et un peu sur la côte est, qui ressentent l'influence bienfaisante du Kuro-Sivo, le *Gulfstream* du Japon. Cependant l'île, qui dans son ensemble participe du climat extrêmement rigoureux de la Sibérie orientale, est-elle fort mal partagée sous le rapport agricole, et les pêches, à cause de l'abondance prodigieuse des poissons, constituent-elles, comme nous le dirons plus loin, la principale ressource de cette région, presque stérile et en quelque sorte déshéritée. La Pérouse n'écrivait-il pas en 1787 en parlant de Sakhaline: «l'aspect de cette terre était bien différent de celui «de la Tartarie; on n'y apercevait que des rochers arides, dont «les cavités conservaient encore de la neige.» Il est vrai que le célébre explorateur ajoutait: «mais nous étions encore à une «trop grande distance pour découvrir les terres basses qui «pouvaient, comme celles du continent, être couvertes d'arbres «et de verdure.»

La population totale de l'île comprendrait 28.000 habitants (1) environ, parmi lesquels un millier de Japonais et de Coréens et à peu près 3.200 indigènes (2); le reste serait représenté par les Russes: officiers et fonctionnaires avec leurs familles, soldats, déportés et approximativement 3.700 émigrants ou colons libres. Au point de vue ethnologique l'élément indigène se compose des 1700 Ghiliaks au nord, des 1600 Aïnos au sud, des 350 Oroks ou Orotchones dans la vallée de la Tyma et sur la côte orientale, et des 550 Toungouses dans la vallée de la Poronaï et au cap Elisabeth. La chasse constitue la principale occupation des naturels, qui prennent ou tuent le renard, la loutre, l'hermine, l'écureuil comme le chevreuil, le cerf musqué, la chèvre sauvage et même l'ours, mais ils s'adonnent

(1) La revue japonaise *Nichi Nichi Shimbun* (février 1905) indiquait le chiffre de 40:000 habitants, sur les quels 25.251 forçats et 11.997 Russes libres. Le chiffre global semble exagéré.

(2) Cette même revue donnait comme chiffre de la population indigène 4.140 individus se décomposant ainsi: 1912 Ghiliaks, 1296 Aïnos, 773 Oroks et 157 Toungouses.

surtout à la pêche qui leur rapporte beaucoup plus. Les Toungouses se livrent avec succès à l'élevage du renne, et on en rencontre qui de la tête aux pieds sout recouverts de peaux de cerf. Les Ghiliaks, eux, que l'on peut comparer aux nomades de la région de l'Amour, appartiennent à la famille mandchoue; ils passent pour hospitaliers, mais sont d'une saleté repoussante; et, quand par hasard ils se lavent, fait rare chez eux, c'est avec de la graisse de phoque. Quant à leurs demeures, qu'ils appellent *taf*, construites de bois et d'écorces d'arbres, remplies généralement de fumier, elles sont élevées sur pilotis.

Une particularité chez ces peuplades c'est que les enfants sont parfois fiancés dès le berceau et que le mariage se défait pour de futiles raisons et avec une grande facilité ; des chiens, des traîneaux et des barques constituent principalement la dot ou *Kalym*, terme fort répandu en Asie et qui se retrouve aussi chez les populations musulmanes les plus éloignées les unes des autres. Les Ghiliaks, qui comme les Aïnos n'ont jamais pu être convertis (1), montrent grande confiance à l'égard des charlatans, sorte de prêtres-sorciers, dénommés *chamanes*, qui sont supposés guérir les malades par des prières et des talismans. Chez les Aïnos on estime la richesse d'un individu d'après le nombre de chiens qu'il possède. Ces animaux sont employés à la chasse ou attelés aux traîneaux ; il en est de ces courageuses bêtes domestiques qui accomplissent des prodiges d'endurance et de vitesse, courant à une allure de 10 à 15 kilomètres à l'heure et faisant jusqu'à 80 et même 100 kilomètres dans une seule journée.

Quant aux Aïnos, bien que plus civilisables que les Ghiliaks, ils sont fort superstitieux et croient à l'existence d'un grand nombre de dieux ou d'esprits, qui se font entre eux une guerre incessante et dont ils redoutent beaucoup la colère ; aussi, pour apaiser leur courroux, leur offrent-ils des *inaos*, «morceaux de bois terminés en copeaux et souvent fixés à de longues perches.» Ces offrandes ou fétiches peuvent être regardés comme un reste du culte chamaniste.

Les Aïnos ont une adoration pour leurs enfants, très gâtés,

---

(1) «Les peuplades des Toungouses et des Oroks, dit M. Paul Labbé, *seules*, sont aujourd'hui comptées comme presque exclusivement orthodoxes, baptisés mais non convaincus.»

mais qui savent se montrer reconnaissants envers les auteurs de leurs jours, devenus vieux; ainsi les vieillards sont très respectés et leurs dernières volontés religieusement obéies. Ces qualités semblent traditionnelles chez ces peuples extrêmes-orientaux, dans l'île de Sakaline comme sur le littoral sibérien opposé ; car, il y a plus d'un siècle La Pérouse, parlant des naturels de la baie de Castries sur la côte de la Manche de Tartarie, disait : «Ces peuples sembleraient, ainsi que ceux de l'île Ségalien ne reconnaître aucun chef et n'être soumis à aucun gouvernement. La douceur de leurs mœurs, *leur respect pour les vieillards* peuvent rendre parmi eux cette anomalie sans inconvénient. Nous n'avons jamais été témoin de la plus petite querelle. Leur affection réciproque, *leur tendresse pour leurs enfants* offrent à nos yeux un spectacle touchant». (1)

Quant au caractère, les Aïnos en général sont moins ouverts, plus réservés que les Ghiliaks. Au point de vue de l'origine, d'où viennent-ils ? Certains ethnographes veulent les considérer comme le peuple autochtone des îles de Sakhaline et de Yéso ; d'autres auraient tendance à voir en eux des rameaux des Mongols ou des Coréens. Il y a lieu de tenir grand compte de l'opinion du docteur Kirilov qui, en sa qualité de médecin officiel du district, a consciencieusement étudié les Aïnos, vivant plusieurs années parmi eux ; ce savant déclare que ces indigènes sont originaires de la Polynésie ; d'après Mr. Paul Labbé le type des Aïnos ne pourrait être rangé parmi les Mongols que par leurs pommettes saillantes, et ce voyageur ajoute qu'avec leurs grandes barbes et leurs longs cheveux ils ressemblent souvent à des popes.

Une coutume excessivement curieuse chez les Aïnos et d'un caractère bien spécial est la Fête de l'Ours. Cet animal jouit d'ailleurs auprès des populations les plus diverses de la Sibérie d'une grande vénération ; mais chez les indigènes de Sakhaline l'ours n'est pas regardé comme une divinité, cette bête ne représentant que *le messager* auquel le dieu prête une oreille favorable.

Tous les ans les Aïnos prennent dans la forêt un jeune ourson, destiné à devenir successivement le héros et la victime

(1) *Voyages autour du monde* mis en ordre par William Smith. Tome VI — *Voyage de La Pérouse* p. 118. — Ch. XVII.

de cette singulière fête ; on l'enferme dans une cage de bois, où on le nourrit pendant deux années. Le terme du sacrifice arrivé, on le pare de lianes ; les jeunes filles lui tressent une longue ceinture ; on prépare à l'ours voué à l'holocauste un succulent festin de filet de chien, de riz bouilli, de graisse de phoque ; les Aïnos accourus des villages voisins se livrent à toutes sortes de réjouissances, danses et chants, tandis que des vieilles, rangées à quatre pattes autour de la cage, poussent pendant trois jours des gémissements et des sanglots à fendre l'âme. Enfin un vieillard adresse à la victime un éloquent discours, où il lui donne les noms les plus doux, lui rappelle tous les bienfaits qu'on lui a prodigués, l'exhorte à accepter avec résignation son sort fatal et le prie avec instance d'intercéder pour l'assistance auprès du dieu de la forêt, dans la société duquel vivra désormais son âme heureuse. On passe ensuite une courroie autour du corps de l'ours épouvanté, qui a dû subir d'interminables harangues ; puis au premier rayon du soleil un jeune homme, renommé pour son adresse, tue la malheureuse bête d'une flèche tirée au cœur ; alors les lamentations, proférées avec force gestes de douleurs par les vieilles, reprennent de plus belle autour du cadavre de la victime immolée ; on retire après *l'inaos* qui lui servait de parure ; on lui coupe la tête et les pattes, parties sacrées de l'ours, et les assistants boivent avec respect le sang encore chaud de l'animal, dont la peau est précieusement conservée. Le festin, les réjouissances et les danses recommencent ; enfin les Aïnos vont porter avec mystère et de grandes marques de vénération tout au fond de la forêt la tête de l'animal sacrifié, et le crâne du héros ira blanchir sur le monceau sacré des crânes des autres ours immolés depuis des siècles dans les fêtes antérieures.

N'est-elle pas curieuse cette coutume qui s'est perpétuée depuis si longtemps chez les Aïnos et chez les Ghiliaks ?

D'ailleurs, en Europe comme en Asie, l'ours est l'objet d'égards particuliers auprès des diverses populations.

Si les Samoyèdes, qui nomadisent sur les rivages de l'Océan glacial, se figurent que son âme est immortelle, «fruit de l'amour coupable d'une femme et d'un démon», si chez les Ostiaks, du bassin de l'Ob, les chasseurs, quand ils ont tué un des spécimens de ce gros gibier, se confondent en excuses devant son cadavre, ne sait-on pas avec quel plaisir les promeneurs, enfants et soldats surtout, contemplent les gambades plus ou moins gauches de «Martin» dans les jardins zoologiques ou dans les ménageries des capitales et des grandes villes européennes? Berne est fière d'avoir un ours dans les armoiries du canton, et les voyageurs de passage dans cette ville suisse ne manquent pas d'aller voir les grandes fosses où plusieurs de ces animaux, bien logés et copieusement nourris, vivent agréablement aux frais du budget municipal. A Berne on pourvoit avec un soin touchant à l'existence de l'ours, emblème héraldique de la ville; à Sakhaline une grossière superstition le condamne à mort et en fait une victime!

Nous venons de parler si non des aborigènes, du moins des naturels de Sakhaline; les «civilisés» eux, sont représentés par les Japonais et les Russes. Les premiers s'adonnent surtout à l'exploitation des pêcheries et ont créé de distance en distance le long de la côte des comptoirs temporaires avec de petites colonies disséminées. Quant aux Russes, ce sont presque tous des fonctionnaires, des employés militaires ou gardiens des forçats et bannis, retenus malgré eux, à un titre ou à un autre, dans «ce lieu d'exil maudit», dans cette île des frimas, des glaces et des ouragans, dont ils ne parlent qu'avec un vague effroi.

Au point de vue administratif l'île est partagée en trois districts: Alexandrovsk, Korsakovsk et Tymosk. Le chef-lieu de Sakhaline est la première de ces localités ou grands villages, peuplé de 1000 habitants, situé près de la côte, à 500 kilomètres au nord du détroit de La Pérouse, sur la Manche de Tartarie, soit à peu près exactement au centre de l'île; c'est la résidence du gouverneur, qui a auprès de lui sa maison militaire, sa chancellerie et les divers services ou bureaux; ce haut fonctionnaire relève à la fois du Ministre de la Justice à Saint-Pétersbourg et du gouverneur général de la région du fleuve Amour. Les autres postes russes sur le littoral sont: Korsakovsk, dans le fond du golfe d'Aniva, à l'extrême sud, Mouravievsk, autre établissement militaire, fondé pour surveiller «les eaux du Japon», et dans l'intérieur Rykovski.

Sakhaline est surtout connue comme lieu de déportation, comme bagne, où l'on compterait actuellement de 25 à 30 mille condamnés. C'est en 1867 que le gouvernement de

Saint-Pétersbourg résolut d'y fonder des établissements pénitentiaires; deux ans plus tard débarqua dans l'île le premier envoi important de forçats, au nombre de 800 environ; en 1883 on y déporta des femmes pour aider au peuplement et aux tentatives de colonisation du pays. Mr. Paul Labbé donne comme statistique, pour 1902 lors de son séjour dans l'île, 28.176 forçats, sur lesquels 8.333 étaient répartis en 6 prisons, à Alexandrovsk, Douï, Rykovski, Derbinski, dans le bassin de la Tyma, Onor, dans celui de la Polonaï, enfin Korsakovsk. Un certain nombre de condamnés deviennent à l'expiration de leur peine des *posselentsy*, sortes de *libérés* avec résidence forcée, chargés de coloniser l'île, qui reçoivent de l'Administration des vivres et des instruments de travail pendant deux années et peuvent, au bout de 14 ans, devenir des paysans. Dans les villages de colonisation officielle (nous pourrions ajouter *artificielle*) on distingue trois sortes d'individus: 1.° des «*Posselentsy*» astreints à la résidence; 2.° des forçats autorisés à vivre là avec leurs épouses non coupables, qui les ont suivis; 3.° des «*Posselentsy*», assimilés à des paysans, qui, *de leur bon gré*, préfèrent habiter le village, bien qu'ils aient le droit de se rendre en Sibérie ou même de retourner en Europe. Il faut lire l'ouvrage si curieux et fortement documenté de Mr. Paul Labbé, *Un bagne russe*, pour se faire une idée de l'existence des prisonniers. «Presque toujours enchaînés, dit l'auteur, les malheureux forçats deviennent méchants; ils n'ont aucun goût au travail; beaucoup parviennent à s'évader: l'été les forçats se cachent dans une cale de bateau ou passent en barque le détroit, qu'ils traversent l'hiver sur des traîneaux attelés de chiens.»

Comme en Russie la peine de mort ne peut être prononcée qu'en cas de tentative criminelle contre la vie du Tsar, on voit dans les bagnes de Sakhaline, par suite de crimes successifs et de condamnations consécutives encourues par le même individu, des misérables frappés de peines représentant plusieurs *perpétuités* et dont la durée correspond à toute une succession de vies humaines.

Les punitions dans les bagnes de l'île sont: le cachot, les fers, la brouette, les verges et le fouet «toutes aussi cruelles qu'inutiles,» observe Mr. P. Labbé, qui ajoute que les chefs de prison trop souvent sont de sinistres personnages. Au bagne les forçats ont la tête rasée et les fers aux pieds; mais on a renoncé à l'usage quelque peu barbare de leur imprimer sur le visage les trois lettres infamantes, stigmate indélibile pour les condamnés comme en France autrefois la fleur de lis sur l'épaule; quant au *knout*, le gardien l'administre au prisonnier couché à plat ventre, les pieds passés à travers les deux trous d'un banc; parfois le bourreau inflige jusqu'á cent coups... Bien des abus, des malversations, des injustices révoltantes se commettent dans ces enfers terrestres, où règnent le vice, le crime, la misère et le désespoir!

Parmi les exilés se trouvent des déportés politiques, dont le nombre heureusement a fort diminué. «Leur rôle, déclare Mr. Paul Labbé, a été souvent scientifique et moralisateur». On leur doit divers travaux ou des études intéressantes sur les insulaires, et beaucoup d'entre eux ont rempli avec un zèle louable les ingrates fonctions de maître d'école auprès des enfants des forçats ou des indigènes, ou bien se sont plu à donner des notions de civilisation et d'agriculture aux naturels, dont plusieurs, par exemple, ont appris d'eux la culture des pommes de terre ou les éléments de la langue russe. Cependant les exilés politiques mènent, à tout considérer, une misérable existence dans cette affreuse promiscuité, au milieu des forçats et des condamnés de droit commun.

Il est triste de constater que, malgré de louables et persévérants efforts, en dépit de sommes considérables dépensées, les tentatives de colonisation pénale multipliées par les Russes à Sakhaline ont échoué, et, lamentable corollaire de cet échec, «les populations indigènes primitivement douces et de mœurs avouables se corrompent tous les jours au contact malfaisant des déportés.»

C'est vers 1807 que les Russes firent leur apparition sur les côtes septentrionales de l'île; mais les Japonais revendiquent avec ardeur et opiniâtreté des droits antérieurs sur cette région insulaire, qui, au XVIIIe siècle, était une dépendance du Céleste Empire. Les érudits de Yédo prétendent que les Japonais firent en 1613 une première expédition à Sakhaline; les Slaves par contre citent l'exploration accomplie en 1646 dans le nord de l'île par le Russe Polyakof. Parmi les explorateurs qui s'aventurèrent dans ces parages extrêmes-orientaux jusqu'au milieu du XVIIIe siècle on peut citer le Hollandais de Vries (1643), les Jésuites Charlevoix et d'Amville (1660-1710) et le Japonais Tounkgi (1786). Cette contrée était cependant jusqu'alors demeurée presque inconnue, et parmi les géographes les uns ne la détachaient pas du continent sibérien, tandis que d'autres la considéraient comme un îlot insignifiant, situé à l'embouchure du fleuve Amour.

Il faut arriver à un marin français, à La Pérouse, pour obtenir enfin des notions plus précises sur «le Rocher en face de la Rivière Noire», traduction du mandchourien *Saghalian anga hata.* «Après les voyages de Cook, dit Elisée Reclus, les mers de Sakhaline, de Jesso, des Kouriles restaient encore à connaître.» Le premier notre illustre compatriote, qui devait l'année suivante avec ses frégates *l'Astrolabe* et *la Boussole* se perdre sur les écueils de Vanikoro, (Nouvelles-Hébrides), [1] exécuta en 1787 le tracé côtier de Sakhaline, en reconnut la nature insulaire ainsi que l'existence du détroit mettant en communication la mer du Japon et celle d'Okhotsk.

«La Pérouse, [2] en pénétrant dans ces mers du côté du Japon, fit connaître le canal qui s'étend entre cet archipel et la Mantchourie (Asie) et laissa son nom au détroit qui sépare Yéso de Tarakaï.» Voici ce que dit l'illustre navigateur dans dans son *journal de bord:* «Nous nous flattions d'arriver avant la nuit au 50ᵉ dégré de latitude, terme que j'avais fixé pour cesser notre navigation sur la côte de Tartarie et retourner vers le Jesso et l'Oku-Jesso, bien certain, s'ils n'existaient pas, de rencontrer au moins les Kouriles en avançant vers l'est, mais à huit heures du matin (7 juillet 1787) nous eûmes connaissance d'une île qui paraissait très étendue et qui formait avec la Tartarie une ouverture de 30 degrés. — L'aspect de cette terre était bien différent de celui de la Tartarie ; on n'y apercevait que des rochers arides dont les cavités conservaient encore de la neige — M. de Langle et moi crûmes qu'il était, dans tous les cas, de la plus grande importance de reconnaitre si l'île que nous prolongions était celle à laquelle les géographes ont donné le nom

(1) «La dernière lettre que La Pérouse écrivit au ministre de la Marine (de France) est datée de Botany-Bay 7 février 1787 ; depuis cette époque on n'entendit plus parler de lui ni de ses malheureux compagnons. Ce fut seulement en 1828 que le capitaine Dumont d'Urville découvrit au milieu des récifs d'une des îles Vanikoro des débris de navires et divers objets qui avaient évidemment appartenu aux naufragés de *la Boussole* et de *l'Astrolabe.*»

(2) *Voyages autour du monde depuis Christophe Colomb jusqu'à nos jours par les plus célèbres navigateurs mis en ordre par* William Smith. — Tome VI — Ch. XVIII. p. 120.

d'île de *Ségalien*, sans en soupçonner l'étendue au sud. — La baie où nous étions mouillés reçut le nom de *baie de Langle* du nom de ce capitaine, qui [1] l'avait découverte et y avait mis pied à terre le premier. Nous employâmes le reste de la journée à visiter le pays et le peuple qui l'habite. Nous n'en avons pas rencontré, depuis notre départ de France, qui ait plus excité notre curiosité et notre admiration». Quel contraste entre ce peuple aux manières *si douces et graves*, qu'admire le navigateur, et ces populations de forçats qui remplissent aujourd'hui les bagnes de Sakhaline !

Des appellations françaises données par le célébre découvreur maritime, voué à une fin si tragique, se sont encore conservées sur ces côtes inhospitalières, telles que le cap Crillon, la pointe de Jonquières, les baies d'Estaing, de Langle, et le nom de l'illustre explorateur est resté (et ce n'est que justice !) au détroit séparant de l'île Yéso le sud de Sakhaline.

L'erreur géographique consistant à considérer Sakhaline comme une presqu'île, (figurant encore sur la fameuse carte de Cook publiée en 1784), s'explique facilement si l'on songe que dans sa partie la plus resserrée, vers le nord, la Manche de Tartarie ne mesure que 7 *verstes*, moins de 8 kilomètres, qu'en cette partie du détroit un isthme de glace réunit chaque hiver les territoires insulaires au continent opposé et qu'à l'intérieur de Sakhaline on trouve des tigres venus du littoral sibérien et qui ont émigré pendant la saison rigoureuse en traversant, comme sur un pont glacé, le mince détroit de Mamia Rinzo.

Au début du XIXe siècle deux explorateurs surtout se distinguèrent en étendant les connaissances géographiques sur l'île : l'Allemand-Russe Krusenstern (1805), dont les recherches furent aussi hardies que fructueuses et qui le premier planta le pavillon russe à Sakhaline, et le pilote japonais Mamia Rinzo, qui, l'année précédente, avait remonté le golfe de Tartarie et pénétré dans l'estuaire de l'Amour. Voici ce que dit, à ce sujet, un publiciste nippon dans un plaidoyer en faveur des droits *historiques*, peut-être discutables, sur Sakhaline qu'invoque son pays :

«Les droits du Japon sur cette île septentrionale sont an-

(1) Peu de temps après le capitaine de Langle devait tomber massacré par les indigènes, en allant faire de l'eau dans une anse de l'île de Mahouna (Archipel des Navigateurs).

«térieurs aux revendications russes d'au moins cinquante ans, «car c'est en 1804 que le Japon envoya son grand explorateur «Mamia Rinzo à Saghalien. Mamia Rinzo était chargé de créer «un certain nombre d'établissements pour affirmer le droit de «propriété du Japon sur cette grande île.

«Le simple fait que l'étroit bras de mer qui sépare Sakha«line du continent asiatique a porté le nom de cet explorateur «confirme pleinement les droits du Japon, ce détroit ayant été «connu jadis sous le nom de détroit de Mamia. De nos jours, «on a substitué à ce premier nom celui de détroit de Tartarie.» Ajoutons que les Japonais invoquent en outre des raisons de *droit naturel,* basées sur des liens géologiques qui existeraient entre Sakhaline et leur archipel; mais ce ne sont là que des arguments secondaires.

Pour en revenir aux considérations tirées du *droit historique*, voici, par exemple, ce qu'un des journaux les plus répandus de Tokio, le *Nichi Nichi Shimbun*, publiait en février dernier:

«Aussi loin que les documents historiques permettent de «se reporter, l'île a été visitée par un envoyé japonais en 1620; «cette visite a été renouvelée plusieurs fois depuis, et ce fut «en 1808 que le Japon occupa formellement Sakhaline, date «antérieure de quarante ans à la découverte par les Russes «que Sakhaline ne faisait pas partie du continent.» Ces mots sont sans doute une allusion directe à l'observation du sous-lieutenant russe Gawriloff, qui, en 1846, considérait encore cette région insulaire comme une presqu'île.

Nous avons vu que de leur côté les Russes pouvaient invoquer le fait que Krusenstern avait en 1805 hissé le drapeau du Tsar blanc à Sakhaline, où il n'avait trouvé que quelques pêcheurs japonais, installés dans des maisons neuves; et ces pêcheries des Nippons furent détruites l'année suivante par Khvostof, officier au service de la Compagnie russo-américaine. Par contre il faut rappeler qu'en guise de représailles les Japonais n'hésitèrent pas à faire prisonnier le lieutenant russe Golowin; mais le gouvernement moscovite ne songea sérieusement à faire preuve d'occupation effective à Sakhaline qu'en 1849, à l'instigation du Comte Mouravieff [1], dont les idées

(1) Pour reconnaître les remarquables services rendus dans la région de l'Amour par Mouravieff le tsar Nicolas I lui conféra en 1849 le titre de comte avec la flatteuse appellation d'«Amourskij».

exerçaient auprès du Tsar une influence prédominante dans les questions relatives à l'Extrême-Orient.

Il faut d'ailleurs reconnaître que la Russie peut invoquer toute une longue liste d'explorateurs de nationalité slave qui au cours du XIXe siècle ont parcouru l'intérieur de Sakhaline en divers sens et visité ses côtes, tels que: Vochnak, Orlov, Roudanosvsky, Poliakof, Chebonnin, Lopatin, Dobrotvorsky, etc. Nous ne saurions oublier Nevelsky capitaine russe, qui, confirmant l'opinion de La Pérouse, déclara formellement, après son voyage de 1849, que Sakhaline est bien *une île;* ajoutons que ses grands travaux hydrauliques (1849-1852) ont valu une réputation méritée à cet explorateur qui, après avoir occupé les bouches de l'Amour, arbora le pavillon de sa nation au nord de Sakhaline (1853) et fonda les stations d'Ilünski et de Mouravievski sur les côtes. La même année un *oukase* conférait à une société russo américaine le monopole d'administrer cette île et d'en exploiter les diverses ressources.

La lutte pacifique sur le champ des explorations entre la Russie et le Japon devait se transporter au milieu du XVIIIe siècle dans l'arène politique.

En 1858 en vertu des stipulations du traité d'Aïgoun l'Empire du Milieu avait dû céder à la puissance moscovite les territoires compris entre l'embouchure du fleuve Amour et la Corée et appelés par les nouveaux dominateurs *Province-Maritime*; ce fut alors que la Russie occupa effectivement la partie septentrionale de Sakhaline, tandis que le Japon prenait possession de la moitié méridionale; on arrivait ainsi, par une sorte d'accord tacite entre Saint-Pétersbourg et Tokio, à considérer la grande île comme appartenant au Tsar et au Mikado sans partage formel et définitif; mais ce ne fut qu'en vertu de la convention du 18 mars 1867 que l'Europe reconnut les droits de la Russie sur le nord de Sakhaline.

En 1875 un traité, la convention de Saint-Pétersbourg, intervint entre les gouvernements du Tsar et du Mikado, par lequel le Japon, en échange des îles Kouriles que lui abandonnait la puissance moscovite, reconnaissait la souveraineté de la Russie sur l'île entière de Sakhaline. Depuis lors jamais les hommes d'Etat de Yédo n'avaient pu se consoler de la perte de cette région insulaire, qu'ils regardaient comme rentrant directement dans la sphère d'influence de l'Empire du Soleil-Levant, comme une sorte de prolongement de l'archipel japonais ou plutôt comme son annexe naturelle. A Tokio on a toujours taxé cette convention de 1875 de marché de dupes pour les Japonais. «La cession de Sakhaline à la Russie, en échange des Chisima, (les Kouriles), publiait en février le *Nichi Nichi Shimbun*, était le résultat de notre faiblesse à cette époque, étant incapables en ce temps de résister aux sollicitations russes. Dans tous les cas il nous est donné de reprendre l'île, et nous sommes présentement assez puissants pour nous en emparer. Pour la Russie l'île n'était qu'un lieu de débarras, où elle reléguait ses forçats, et dans ses mains elle ne resterait que comme une tache à la civilisation du monde. Pour nous l'acquisition de Sakhaline nous donnerait une excellente baie pour la pêche, et surtout elle serait la juste compensation d'une injustice longuement supportée.»

En juillet dernier un organe important de Tokio publiait les lignes suivantes :

«Notre histoire tend à prouver que Sakhaline est une chose *japonaise*, c'est-à-dire que cette île doit nous revenir. La nation a regretté maintes fois la faute initiale commise par notre gouvernement en l'abandonnant ; elle comprend que le moment est venu de corriger notre erreur. Sakhaline doit être à nous avant que les négociations pour conclure la paix soient commencées ; nous devons donc en prendre possession maintenant.»

Et un an auparavant, (juillet 1904), l'érudit professeur Tomizu Kwanin écrivait de son côté dans le *Taiyo* de Tokio :

«La rétrocession de Sakhaline est la quatrième des conditions à demander par le Japon. Au commencement de l'ère du Meïji nos gouvernants se sont laissé jouer par la diplomatie russe, et ils ont consenti à la légère à l'échange de Sakhaline contre les Chishima (nom japonais des îles Kouriles). Les Russes se sont installés à notre place, ont pris possession des pêcheries, imposé des taxes et, sans travailler le moins du monde, on recueilli la plus grande partie des profits. Sakhaline étant une possession *japonaise* qui nous a été enlevée par fourberie, nous devons exiger de la Russie non qu'elle nous la cède, mais qu'elle nous la rende.»

Ajoutons qu'au cours du printemps de 1904 s'est fondée à Tokio une association patriotique sous le nom de «Société pour le recouvrement de Sakhaline» et qu'elle a recruté de nombreux et ardents adhérents dans tous les rangs de la société japonaise ; cette réunion de chauvins n'aura pas été sans doute étrangère à la campagne militaire récemment entreprise et qui a mis aux mains des Nippons un précieux gage au moment même de l'ouverture des négociations à Portsmouth entre les représentants des deux puissances belligérantes.

Pourquoi donc les Japonais tenaîent-ils avec tant d'opiniâtreté à assurer leur souveraineté exclusive sur ces territoires insulaires que le gouvernement mikadonal n'avait jamais perdu le secret espoir de recouvrer de gré ou de force, par la diplomatie et au besoin par les armes ? Ce n'est certes pas, comme nous l'avons vu, pour la douceur du climat, pour la facilité des ports ou des refuges maritimes, pour la fertilité de ces terres, où la rigueur de la température empêche, ainsi que nous l'avons dit, les céréales d'arriver à maturité.

L'île en question offre aux Japonais un double avantage de premier ordre *économique* et *stratégique* : sur ses côtes une mine inépuisable de pêches pour nourrir des populations aussi prolifiques que celles de l'archipel du Soleil-Levant et une magnifique position pour commander «la Province-Maritime» avec l'embouchure de l'Amour, aujourd'hui sous la domination rivale du Colosse slave.

Mr. Paul Labbé n'hésitait pas à dire, avant que n'éclatât la guerre entre Slaves et Nippons, que la question des pêcheries pourrait devenir le pivot de la politique russo-japonaise en Extrême-Orient.

En effet, avec le riz le poisson constitue le principal aliment des sujets du Mikado ; et d'autre part, pris dans son ensemble, l'Empire du Soleil-Levant ne saurait passer pour fertile ; ainsi un septième seulement des terres est cultivé, le reste du pays, représenté sur les côtes si découpées, par des sables ou des dunes à l'intérieur, par d'immenses espaces couverts de laves en raison de la nature volcanique du sol, par des collines escarpées ou des chaînes montagneuses, est presque stérile ; et par contre la population se multiplie avec une prodigieuse rapidité au point que la densité est de 850 habitants environ au kilomètre carré, tandis qu'en Belgique, le pays d'Europe où la statistique la donne comme la plus forte, elle n'atteint que 229 individus pour la même surface territoriale.

Les mers japonaises sont certes fort poissonneuses ; cependant les produits qu'en retirent d'industrieux pêcheurs ne peuvent suffire à l'alimentation des habitants. Mr. Paul Labbé remarque, à ce sujet, que les harengs notamment, sans doute efflrayés par le bruit des steamers, ont déserté les côtes de Yéso et que les saumons, chassés avec trop d'ardeur, ont beaucoup diminué dans les mêmes parages. En outre le poisson représente pour les cultivateurs japonais un engrais indispensable ; autrefois ils employaient pour la fumure de leurs rizières, de leurs champs d'indigo et de mûriers, des haricots que leurs bateaux allaient charger soit dans les ports coréens comme Tchemulpo et Fou-San, soit dans les ports chinois tels que Tien-Tsin et Tché-Fou ; mais, si cet engrais végétal est très économique, celui que produit la faune marine possède une action chimique estimée dix fois plus grande ; aussi les Japonais donnent-ils la préférence à ce dernier.

Or les truites et les saumons se rencontrent en telle abondance sur certaines côtes de Sakhaline, les harengs, (1) qui apparaissent deux fois par an, au printemps et en été, se montrent en bancs si pressés que souvent les baies sont comme couvertes d'une immense nappe de poissons, et que le frai fourmillant à la surface donne aux eaux de loin l'apparence de la couleur du lait. Sur les 250 pêcheries autorisées une centaine est exploitée par des Japonais, 78 sont entre les mains des Russes et 73 entre celles des indigènes, qui poursuivent surtout le saumon dans les rivières, pour leur consommation privée. «Les deux espèces principales de saumon, écrit Mr. Paul Labbé, dont vivent les habitants de l'île sont la *gorboucha* ou bossue et la *keta (salmo lagocephalus)*, poissons qui frais ont un goût délicieux», morceaux de choix pour la table des «Lucullus» chinois et japonais.

Quant aux baleines, dont la capture a été poursuivie sans relâche et avec excès par les armateurs américains depuis le milieu du siècle dernier, elles ont fini par déserter presque complètement les parages de Sakhaline ; mais les indigènes,

---

(1) «On peut se faire une idée des masses de harengs qui chaque année fréquentent les eaux de Sakhaline par cette observation qu'il faut six tonnes de harengs pour fournir une tonne d'engrais.»

Deutsche Monatschrift. — *Formosa und Sachalin*, article du Général v. Zepelin, — uillet 1905. Berlin.

eux, continuent à chasser fructueusement les otaries et les phoques.

On estime que 6.000 Japonais environ fréquentent annuellement les côtes de l'île et en rapportent un salaire moyen de 500 *yens* (1.250 fr.) pour chacun, ce qui réprésente une petite fortune.

L'importance grandissante des pêcheries de Sakhaline avait déterminé le gouvernement de Tokio à créer à Korsakovsk [1] un consulat, dont le titulaire devait souvent régler des différents et parfois des questions fort délicates; dans ce port les grandes maisons d'Hakodaté, d'Otarut, de Yokohama s'occupant de pêcheries, avaient leurs représentants.

Les Japonais fondent les plus grandes espérances [2] sur l'exploitation méthodique des richesses ichthyques de Sakhaline; voici, par exemple, ce que publiait à cet égard, il y a peu de temps, le docteur Tomizu :

«Actuellement les pêcheries de Sakhaline ne nous rapportent par an que trois millions de *yens;* mais, l'île une fois en notre possession, nous pouvons en tirer de suite dix, et, dans un avenir prochain, trente millions de *yens*, lorsqu'auront été mises en œuvre les industries pour la multiplication du poisson.»

Il est donc permis de dire que la possession de tout ou partie de Sakhaline, avec le droit ou le monopole exclusif d'y pêcher, formait une question en quelque sorte *vitale* pour l'avenir du Japon, qui compte faire du pays une île nourricière et un important marché. Il ne faut pas oublier, en outre, que le nord de la grande île, occupée récemment par les forces mikadonales, est précisement situé en face de l'embouchure de l'Amour, sur les rives duquel s'élèvent plusieurs des principales villes ou stations importantes de la Sibérie Extrême-Orientale, telles que Nikolaïevsk, Khabarovsk et Blagovietschenk. On ne peut donc nier que la souveraineté d'une nation étrangère et en

---

(1) Pour l'année 1901 dans le seul district de Korsakovsk sur 6243 pêcheurs on a compté 6053 Japonais contre 190 Russes.

(2) «Il n'y a pas besoin d'être prophète pour prévoir qu'en dépit de la rigueur du climat l'île utilisée jusqu'à ce jour par la lointaine Russie seulement comme colonie pénitentiaire, privée de ports commodes, de lieux de résidence soignés, presque de voies de communication, prendrait bientôt un tout autre aspect, une fois dans les mains du Japon, lui voisin.»
Deutsche Monatschrift. — Formosa und Sachalin, déjà cité. p. 488.

particulier de l'Empire du Soleil-Levant sur Sakhaline tout entière aurait compromis gravement l'avenir de la domination moscovite dans le Pacifique.

Quant à Vladivostok les escadres du Tsar sont contraintes pour y accéder de naviguer par des détroits où les Japonais se trouvent les maîtres; un seul, celui de La Pérouse, était resté, jusqu'à ce jour, moitié russe et moitié nippon. «Que l'île de «Sakhaline passe aux Japonais et la dernière route libre que les «Russes aient vers Vladivostok leur est enlevée; leurs navi«res seront alors obligés de passer, toujours et partout, sous le canon japonais.» (1)

Enfin il semblait difficile d'assigner une limite aux ambitieuses visées de *thalassocratie,* dont paraissait animé l'esprit des hommes d'Etat nippons, que l'opinion publique en Europe et en Amérique accusait de prétendre à «la maîtrise de la Mers». Il est vrai que la prodigieuse victoire navale de leurs escadres à Tsou-Shima était plutôt de nature à encourager leurs ardents désirs d'hégémonie maritime et de suprématie *pélagique* dans le Pacifique occidental. Par (2) Formosa «la belle» et les Pescadores (3), ravis en 1895 au Fils du Ciel pour être attribués au Mikado en vertu du traité de Simonosaki, l'altier Japon pouvait menacer les côtes méridionales de l'Empire du Milieu, tout en surveillant d'un œil jaloux l'île de Hainan, qui couvre les provinces françaises du Tonkin, tout en fixant avec superbe le luxuriant archipel des Philippines, qui regrettent la somnolente domination passée des Espagnols et se montrent impatientes du joug bien plus lourd des Etats-Unis.

Sakhaline, tout entière au pouvoir du Japon, aurait complété à merveille le gigantesque croissant insulaire de l'Empire mikadonal qui, sur une amplitude de quinze dégrés, (longueur de 4.800 kilomètres environ), (4) s'épanouit majestueusement de la mer d'Okhotsk à la mer de Chine, et au nord par le long

(1) *Revue Française — Les Japonais à Sakhaline,*. C. C.— Aout 1905. Paris.

(2) Formose, île de 395 kil. de longueur, 100 kil. de large environ et 38.800 kil. carrés de superficie, peuplée de 3 millions d'habitants environ—visitée au XVIe siècle par les navigateurs portugais qui, à cause de la beauté de son climat, l'appelèrent *Formosa*, possession de la Chine depuis 1430 et dépendant jusqu'en 1895 de la Province continentale de Foukien.

(3) Les Pescadores, (îles des Pêcheurs), en japonais *Bokoto*, archipel de 21 îles situé dans le canal de Formose, position stratégique de haute valeur, occupée en 1885 par l'escadre française sous les ordres de l'illustre amiral Courbet, le vainqueur de Fou-Tchéou et Sheipoo.

(4) Environ sept fois la distance de Paris à Marseille à vol d'oiseau.

chapelet insulaire des Kouriles se rattache pour ainsi dire à l'extrême pointe du Kamchatka.

Le radieux et redoutable Empire du Soleil-Levant serait devenu alors le plus étendu en longueur qui existe au monde, dépassant même le Chili, dont l'interminable ruban côtier se développe sur 4.400 kilomètres du cap Horn au sud jusqu'à la frontière du Pérou, au nord.

Sakhaline, entièrement rangée sous la puissance nippone, aurait représenté une singulière diminution de la valeur stratégique du grand port de Vladivostok, et l'île (dans ces conditions dangereuses pour la Russie), eût été, qu'on nous passe la métaphore hardie, «un pistolet chargé sur le cœur» de la *Province-Maritime*, sur Nikolaïevsk, son boulevard, auquel la grande île, occupée par la Russie, servait utilement de bouclier protecteur.

Ce sont là des vérités manifestes dont demeuraient pénétrés les gouvernements de Yédo et de Saint-Pétersbourg; aussi n'y a-t-il pas lieu de s'étonner que les plénipotentiaires de la Russie comme ceux du Japon aient discuté à Portsmouth avec la même ardeur, avec un égal acharnement, cette épineuse question majeure: à savoir à qui appartiendrait Sakhaline, les uns comme les autres invoquant des droits historiques, le baron Komura revendiquant l'île au nom du droit de conquête, M. Witte répondant que l'occupation par les Japonais, résultat de leurs victoires navales, ne saurait être considérée comme définitive. En effet l'hiver Sakhaline, qui, comme nous l'avons dit, se rattache à la terre ferme, cesse d'être insulaire; bien plus les dangers que présentent pendant la saison hivernale les glaces flottantes obstruant le détroit de La Pérouse rendent alors fort difficiles les communications entre l'île et l'archipel japonais; «la maîtrise de la Mer» pouvait ainsi dans quelques mois, au cas où les hostilités entre les deux Empires eussent continué, devenir inutile aux Japonais pour défendre Sakhaline, que les Russes auraient pu tenter d'envahir à leur tour, en franchissant de pied ferme le pont de glace qui unit au continent l'île conquise par l'ennemi.

Sakhaline semblait donc devoir rester la malencontreuse pierre d'achoppement, écueil maudit sur lequel allaient échouer les négociations pour la paix. Un instant les médiateurs, à bout d'ingénieuses combinaisons, avaient imaginé de proposer à la

Russie d'abandonner au Japon le sud de l'île et de faire revendre ensuite par le gouvernement de Yédo à celui de Saint-Pétersbourg les territoires méridionaux ainsi concédés. Un tel marchandage ne pouvait être agréé par une puissance ayant le noble sentiment de sa force et de sa dignité comme l'Empire des Tsars!

Enfin, on sait que le 29 août les plénipotentiaires des deux grandes nations, Mr. Witte et le baron Komura, réunis à Portsmouth, sont tombés d'accord, les chefs d'Etat obéissant à la voix de la sagesse ainsi qu' à une louable humanité pour éviter de nouvelles hécatombes sur les champs de bataille et s'étant fait de mutuelles concessions : la Russie consentait à céder une partie de Sakhaline et le Japon, de son côté, renonçait à réclamer toute indemnité de guerre.

Voici dans quelles conditions les territoires insulaires ont été attribués à l'une et à l'autre puissances : la ligne imaginaire qui divisera l'île suit rigoureusement le 50° de latitude nord ; mais cette démarcation ne partage pas exactement Sakhaline en deux ; car du fait que la plus grande largeur de l'île se trouve au nord il résulte que sur la superficie totale de Sakhaline les trois cinquièmes sont adjugés à la Russie, tandis que le Japon ne garde que les deux autres cinquièmes ; [1] c'est d'ailleurs ce qui existait, au point de vue de la souveraineté politique des deux puissances sur ces territoires, avant le traité de Saint-Pétersbourg de 1879. Les parties méridionales attribuées à l'Empire mikadonal comprennent la péninsule en forme de *pince à homard* dont les deux pointes s'avancent dans la direction du détroit de La Pérouse, embrassant entre elles la baie d'Aniva : elles renferment en outre le golfe de la Patience sur la côte est avec l'île des Baleines. Nous avons dejà dit que le sud de Sakhaline représente la région la plus fertile, le climat y étant beaucoup moins dur qu'au nord ; en plus, au point de vue stratégique le Mikado reste ainsi maître du détroit de La Pérouse désormais japonais des deux côtés et peut ouvrir ou fermer à son gré la mer du Japon ; sous le rapport économique les Nippons s'assurent ces côtes poissonneuses, où les pêcheries si abondantes, dont nous avons parlé, leur sont vraiment indispensables.

---

(1) Les deux hautes parties contratantes auraient pris l'engagement de ne pas fortifier leurs territoires respectifs à Sakhaline.

Quant à l'Empire slave, il conserve la partie de Sakhaline qui peut passer en quelque sorte pour une dépendance géographique de la province de Nikolaïevsk, puisque chaque hiver les glaces réunissent les côtes insulaires au continent opposé ; les Russes se réservent ainsi les richesses minières non encore exploitées des territoires septentrionaux. En ce qui concerne la question stratégique, il est manifeste, surtout en égard à Vladivostok, qu'il aurait été bien préférable pour la puissance moscovite en Extrême Asie de garder l'île entière ; mais, du moins, par le maintien de sa souveraineté sur le nord de Sakhaline la Russie sauve son prestige dans le Pacifique occidental et assure sa domination sur les embouchures de l'Amour avec la sécurité de ses établissements de la mer d'Okhotsk que pouvait menacer toute nation maîtresse d'Alexandrovsk et de la Baie de l'Espérance au nord de l'île.

Les deux adversaires ont certes déployé une égale vaillance sur les champs de bataille; désormais, l'épée ayant été de part et d'autre rentrée au fourreau, souhaitons vivement que ces intrépides champions, oubliant un triste passé sanglant (cauchemar détesté !), ne connaissent plus en Extrême-Orient et en particulier à Sakhaline, livrée sans doute à une meilleure exploitation, d'autre rivalité que sur le champ pacifique des fructueuses entreprises industrielles et commerciales pour le plus grand bienfait de la Civilisation !

www.ingramcontent.com/pod-product-compliance
Ingram Content Group UK Ltd.
Pitfield, Milton Keynes, MK11 3LW, UK
UKHW021038260726
13994UKWH00005B/2224